D'APRÈS LA MÉTHODE DE Mme MARIE PAPE-CARPANTIER

ANNÉE PRÉPARATOIRE

SOLFÈGE DE L'ENFANT

PAR

Mlle MARIE CHASSEVANT

PARIS

PETIT, AINÉ, LIBRAIRE-ÉDITEUR

RUE DE RICHELIEU, 60

1880

SOLFÈGE DE L'ENFANT

ANNÉE PRÉPARATOIRE

II

COURS D'ÉDUCATION ET D'INSTRUCTION MUSICALE

D'APRÈS LA MÉTHODE DE Mme MARIE PAPE-CARPANTIER

ANNÉE PRÉPARATOIRE

SOLFÈGE DE L'ENFANT

PAR

Mlle MARIE CHASSEVANT

PARIS

PETIT, AINÉ, LIBRAIRE-ÉDITEUR

RUE DE RICHELIEU, 60

1880

VERSAILLES — IMPRIMERIE CERF ET FILS, 59, RUE DUPLESSIS.

AVERTISSEMENT

HISTOIRE DE Mme LA MESURE

Dans l'histoire de Mme LA MESURE, nous avons quatre dessins, dont deux sont de formes différentes.

Le *pavillon* et l'*arbre* portant le N° 1 servent à contenir les divisions binaires, ou par deux ; le *pavillon* et l'arbre portant le N° 2 renferment les divisions ternaires, ou par trois. Les divisions mixtes, formées de ces deux espèces, s'obtiennent avec le triolet que nous mettons alternativement dans le *pavillon* n° 1 et n° 2.

Ces pavillons et ces arbres sont habités de quatre manières.

D'abord par la ronde ; puis par la blanche, la troisième fois par la noire ; enfin, la dernière fois par la croche.

Il en est de même pour le pavillon n° 2, occupé d'abord par la *ronde ennuyée*, la *blanche ennuyée*, etc.

En procédant ainsi, notre but est de familiariser les enfants avec les différentes transformations subies par l'écriture musicale. A son origine, la notation était composée de rondes, de blanches, de noires, de croches, rarement de doubles croches. Depuis, elle s'est augmentée de formes nouvelles et s'écrit presque toujours avec des noires, croches, doubles, triples, quadruples croches, etc. Dans la suite de cet ouvrage nous expliquerons ce qui a amené ces changements.

Lorsqu'on raconte l'histoire de Mme la Mesure nous ne saurions trop recommander, une fois un chapitre lu et compris, de le faire redire aux enfants sous forme interrogative.

EXEMPLE POUR LE PREMIER CHAPITRE :

D. Pourquoi Mme la Mesure s'ennuyait-elle ?
R. Parce qu'elle n'avait pas d'oiseaux.
D. Dites-moi le nom des oiseaux du premier pavillon ?
R. Une ronde, deux blanches, etc.
D. Volaient-ils tous de la même manière ?
R. Non, la ronde volait moitié moins vite que la blanche, etc.

Pour faire exécuter ce que nous appelons des *voyages* nous donnons à un enfant un pavillon, à un autre un arbre ; puis nous procédons de la manière suivante pour faire les échanges entre les valeurs et les silences.

L'enfant qui a le pavillon dit : La *ronde* désire aller dans l'arbre ;

L'enfant qui a l'arbre répond : Voici la pause qui doit garder sa place.

Une autre fois l'enfant qui a l'arbre dit : Voici trois demi-soupirs qui veulent aller

---

* Ce petit dialogue doit servir de modèle pour mettre en action tous les autres chapitres de l'histoire de Mme la Mesure.

dans le pavillon. L'enfant qui a le pavilllon répond : Voici trois croches qui vont s'envoler dans l'arbre.

Les enfants s'attachant à cette petite scène sont plus attentifs, en même temps ils y gagnent comme adresse puisqu'ils ont les mains occupées et actives.

HISTOIRE DU *BEAU GÉNIE DE LA NUANCE*

Lorsque l'histoire de Mme LA MESURE est finie, nous commençons celle du beau GÉNIE DE LA NUANCE.

Quand cette dernière est bien connue, il nous arrive souvent de donner un rôle à chaque enfant.

Nous nous inspirons en cela des jeux gymnastiques de Mme Pape-Carpantier.

Un petit élève que nous désignons remplit le rôle de l'enfant, un autre fait celui du GÉNIE DE LA NUANCE. Mme LA MESURE et Mme L'INTONATION sont aussi personnifiées.

Un groupe d'enfants forme les oiseaux de la musique ; puis le dialogue s'établit ainsi entre chaque groupe ;

LE BEAU GÉNIE. Bonjour Madame la Mesure, bonjour Madame l'Intonation.

Mme L'INTONATION ET Mme LA MESURE. Bonjour beau Génie de la Nuance.

LE PETIT ENFANT. Bonjour tout le monde.

Mme L'INTONATION ET Mme LA MESURE (s'adressant au beau Génie): Comment se fait-il que vous soyiez déjà de retour ?

LE BEAU GÉNIE. J'ai rencontré le petit enfant, etc.

Nous laissons aux mères le soin de continuer et de terminer ce petit dialogue qui doit servir de guide pour tous les autres chapitres de cette histoire.

HISTOIRE DE Mme LA MESURE

PREMIÈRES NOTIONS SUR L'ÉTUDE DE LA MESURE

HISTOIRE DE Mme LA MESURE

CHAPITRE Ier

Ce qui manquait au Château de Mme la Mesure

Il était une fois une belle dame qui possédait un joli
château. Autour de ce château, il y avait de grandes avenues, de beaux arbres, des parterres bien cultivés et couverts
de fleurs, de grandes pelouses vertes où jouaient de jolies
chèvres blanches, un bassin rempli d'une eau courante où
nageaient une foule de petits poissons rouges. A la porte
de ce château, se tenaient deux lévriers dont l'air aimable
semblait inviter les visiteurs à entrer.

Cependant, malgré tous les agréments réunis dans cette
charmante habitation, on se sentait pris en entrant d'un vague
sentiment de tristesse. Une seule chose y manquait, et cela
suffisait pour rendre triste un pareil séjour. Ce qui manquait
était donc bien ravissant, me direz-vous ? . . . Oui ! oh !
ravissant à un point que vous ne pouvez supposer ! . . .
Vous la connaissez pourtant cette chose, mais vous n'y avez
peut-être pas fait assez attention. Ce qu'on n'y trouvait pas
dans le château de la belle dame, c'était les oiseaux et leurs
petits ramages. En effet, rien n'est plus joli que le chant
des oiseaux et de toutes les douces voix.

Quand vous étiez petits bébés et que vous vouliez vous endormir, votre mère vous prenait dans ses bras et vous berçait en chantant de jolis airs que vous savez encore, j'en suis certaine. Et la musique donc, comme vous êtes joyeux de l'entendre quand un régiment passe dans la rue ou que vous êtes au Luxembourg ou aux Tuileries! Ne vous arrive-t-il pas souvent dans vos jeux de former des rondes en chantant: « OU EST LA MARGUERITE », « NOUS N'IRONS PLUS AU BOIS » ? Vous figurez-vous la campagne sans oiseaux, sans chants : ce serait bien triste, n'est-ce-pas? Eh bien ! c'est ce sentiment de tristesse qui s'emparait de vous en entrant dans le beau château.

Mme la Mesure aussi éprouvait cette impression ; alors elle eut une idée, elle fit construire plusieurs pavillons d'une jolie forme, couverts de chaume.

Le premier pavillon terminé, quand il n'y manqua plus rien pour que les petits oiseaux y fussent très-heureux, elle fit atteler sa calèche et se rendit de grand matin à la ville, afin de choisir ce qu'elle désirait acheter.*

CHAPITRE II

Installation des oiseaux de Mme la Mesure

Mme la Mesure revint le soir même, enchantée de ce qu'elle avait trouvé. Elle avait fait l'acquisition d'un gros oiseau tout rond qui n'avait ni queue ni aile, et que l'on appelait la RONDE, et de deux oiseaux fond blanc que l'on appelait des BLANCHES. Ces blanches avaient une queue. Elle avait encore acheté quatre oiseaux tout noirs, appelés NOIRES ; et huit

---

* Ce chapitre terminé, la mère fit battre la mesure à deux temps à ses petits élèves, voir *Manuel des Mères*, p. 23.

oiseaux à une aile; cette aile avait la forme d'un petit crochet, aussi appelait-t-on ces oiseaux des croches.

Voici le portrait des oiseaux de Mme la Mesure.*

Pavillon n° 1 habité par la *ronde* et ses oiseaux.

Les oiseaux de Mme la Mesure avaient une façon toute particulière de voler. La RONDE, qui n'avait pas d'aile, se mit sur le premier barreau, les deux BLANCHES entrèrent dans le pavillon et montèrent sur le deuxième barreau, et quoiqu'elles ne pussent entrer que l'une après l'autre, comme elles allaient plus vite, elles arrivèrent en même temps que la RONDE; puis les quatre NOIRES, encore plus petites, montèrent sur le troisième barreau si lestement qu'elles arrivèrent en même temps que la RONDE et les deux BLANCHES; enfin, les huit petites croches, qui avaient chacune une aile, entrèrent l'une après l'autre et arrivèrent sur le quatrième barreau aussi vite que les quatre noires, les deux blanches et la grosse ronde. Il y en avait même parmi les petites croches qui se pressaient si fort d'entrer que leurs ailes se confondaient de telle sorte qu'on eût dit qu'elles se donnaient le bras ou plutôt l'aile.

---

* Prendre le pavillon n° 1.

Les signes composant le pavillon de la ronde sont dans les casiers 2, 3, et 4 du compositeur; les barres imitant les ailes qui se croisent sont aussi dans le casier 6.

Quand Mme LA MESURE vit ses petits oiseaux bien installés dans leur pavillon, comme la nuit approchait et que les oiseaux s'endorment de bonne heure, elle leur souhaita le bonsoir, se promettant d'aller le matin au pavillon pour entendre chanter ses jolis oiseaux.

CHAPITRE III

Premières émotions de Mme la Mesure

La première pensée de Mme LA MESURE, en s'éveillant, fut pour ses nouveaux hôtes. Comment avaient-ils passé la nuit? Elle s'habilla à la hâte et partit pour les visiter.

En arrivant près du pavillon, elle n'entendit aucun bruit, aucun chant: tous ses oiseaux étaient partis; elle en fut bien étonnée, car, vous le savez, mes enfants, les oiseaux s'éveillent et chantent dès le point du jour. Une chose cependant la rassura, elle s'aperçut que chaque oiseau avait mis une marque à l'endroit qu'il avait quitté, comme on marque sa place quand on veut la retrouver.

La ronde avait mis à sa place un carré noir, appelé PAUSE, qui semblait comme suspendu au dessous du premier barreau: sur le deuxième barreau, il y avait deux carrés noirs appelés DEMI-PAUSE, ces deux demi-pauses étaient placées au-dessus du deuxième barreau: à la place des quatre noires, il y avait quatre crochets, tournés vers la droite du pavillon et ressemblant à des 7 faits à l'envers. Ces 7 retournés s'appelaient SOUPIRS. Enfin à la place des croches, huit crochets tournés à gauche et ressemblant à de vrais 7, ils s'appelaient DEMI-SOUPIRS. Vous comprenez bien que tous ces signes qui gardaient la place des oiseaux ne chantaient pas. Ils étaient absolument silencieux, aussi les appelait-on des silences.[*]

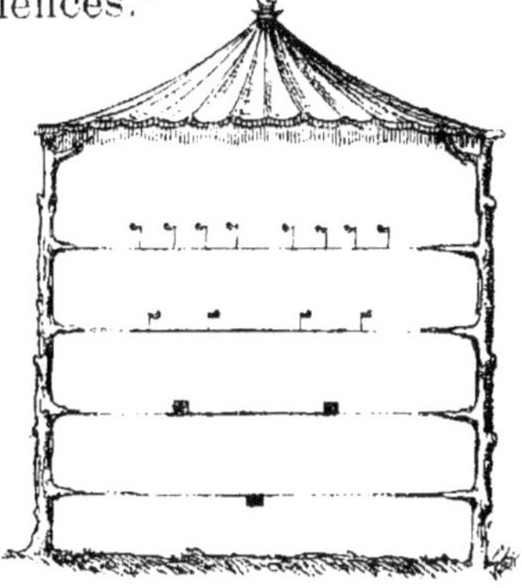

Pavillon n° 1 habité par les silences gardant la place de la ronde et de ses petits oiseaux.

Mme la Mesure se mit à parcourir en tous sens son jardin et son petit bois. Dans une allée bien ombreuse, quel ne fut pas son contentement lorsqu'elle vit, sur le grand arbre, ses

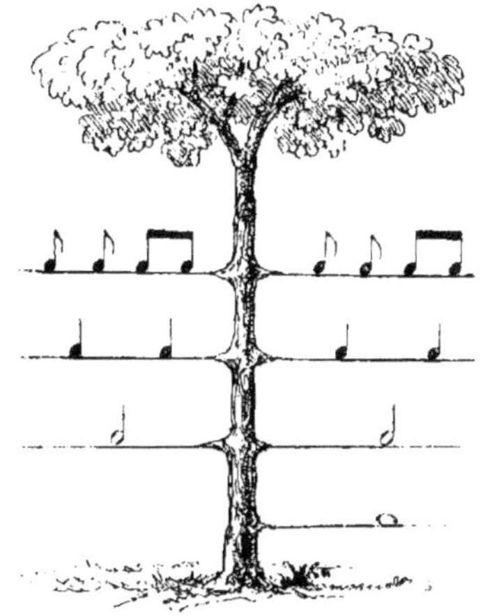

Arbre n° 1 habité par la *Ronde* et ses oiseaux.

oiseaux qui avaient pris place comme dans le pavillon.[**]
Sur la branche la plus basse, elle vit la ronde; sur la 2me

[*] Les signes de silences composant ce pavillon sont dans les casiers 2 *bis* et 3 *bis*.
[**] Les valeurs composant le n° 1 sont remises dans l'arbre.
Remarque : Battre la mesure à 2, 3, et 4 temps.

branche, les blanches, puis les noires et les oiseaux à une aile ; tout s'y trouvait.

Ces charmants oiseaux demandèrent pardon à Mme la Mesure de l'inquiétude qu'ils venaient de lui causer, et lui promirent de rentrer sitôt le soleil disparu.

Le soir, Mme la Mesure vit revenir tous ses petits déserteurs. Ils reprirent dans le pavillon les mêmes places qu'ils occupaient le matin.

Ces petits oiseaux envoyèrent les SILENCES garder leurs places dans l'arbre où ils avaient passé une journée si délicieuse. Voici l'aspect que présentaient l'arbre et le pavillon :*

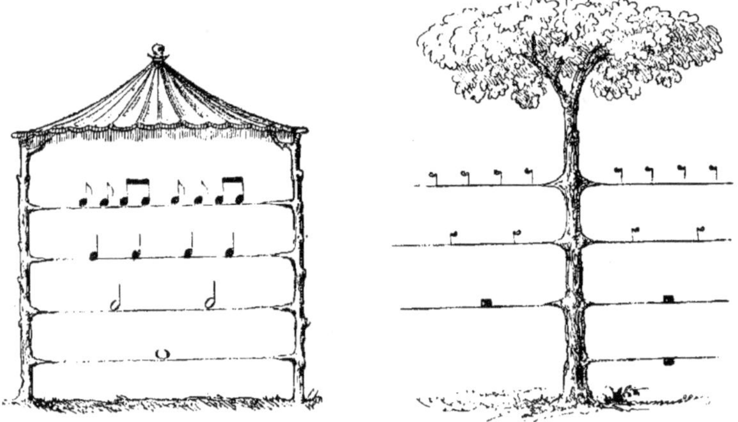

Mme LA MESURE était enchantée du vol régulier de ses petits oiseaux ; ils ne chantaient pas, il est vrai, mais elle pensa qu'une fois habitués, ils finiraient par faire entendre leurs jolies voix.

Un jour, la RONDE, ne voulant pas sortir, restait ; elle envoyait la PAUSE dans l'arbre n° 1 pour garder sa place ; quatre PETITES CROCHES partaient du pavillon, il n'en restait donc plus que quatre dans le pavillon avec quatre DEMI-SOUPIRS.

---

* Prendre les silences qui sont dans le pavillon et les remettre dans l'arbre.

EXEMPLE :

Pavillon nº 1.

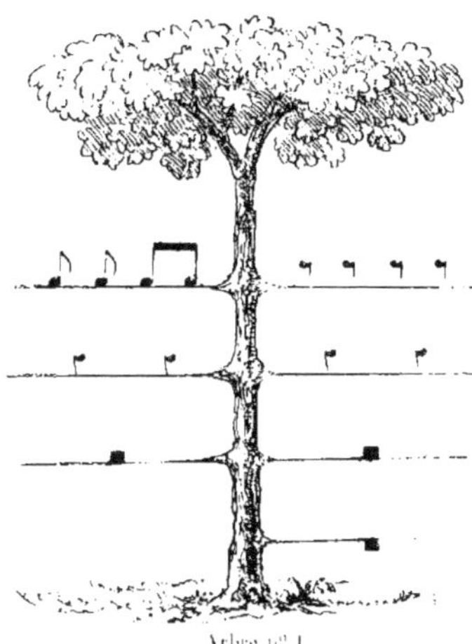

Arbre nº 1.

Une autre fois, pour changer, deux blanches du pavillon
nº 1 s'envolaient dans l'arbre et laissaient deux DEMI-PAUSES
à leurs places; puis c'était trois PETITES NOIRES qui s'en allaient
de la même manière et TROIS SOUPIRS qui les remplaçaient.*

EXEMPLE :

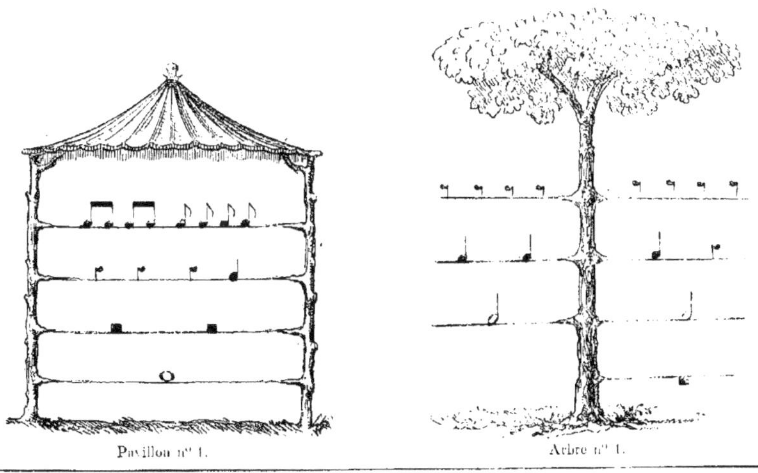

Pavillon nº 1.   Arbre nº 1.

---

* A nos cours nous appelons *faire des voyages* ces échanges entre les notes et les silences.
Nous ne donnons que ces deux exemples et nous recommandons d'en augmenter le nombre
en changeant les signes de place le plus possible.

CHAPITRE IV

Comment les petits enfants attentifs apprennent à imiter le vol des oiseaux.

A présent, dit la mère, que vous savez battre la mesure à quatre temps, tâchez à votre tour d'imiter le vol des oiseaux de Mme la Mesure.

Vous n'avez pas oublié que la ronde mettait, à elle seule, pour entrer dans le pavillon, un temps aussi long que les HUIT CROCHES, les QUATRE NOIRES, et les DEUX BLANCHES ensemble.

Maintenant, ajouta-t-elle, je vais frapper sur la table avec un crayon, pour vous aider à imiter le vol régulier de ces petits oiseaux.*

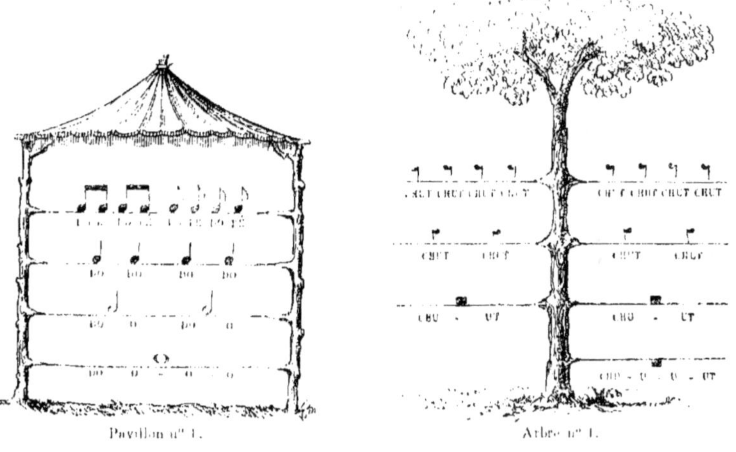

Pavillon n° 1.

Arbre n° 1.

* Faire dire aux enfants les valeurs, et les signes de silences contenus dans ces arbres et ces pavillons en battant la mesure à 4 temps.

Remarque : On ne doit continuer cette histoire que lorsque les élèves sont arrivés à savoir vaincre les difficultés et en sont tout à fait maîtres.

Il faut aussi apprendre à faire voler les oiseaux de
Mme LA MESURE quand ils voyagent, autrement dit, quand ils
vont du pavillon à l'arbre et de l'arbre au pavillon. C'est
un peu plus difficile, mais vous êtes si attentifs que vous
n'aurez pas de peine à y arriver.

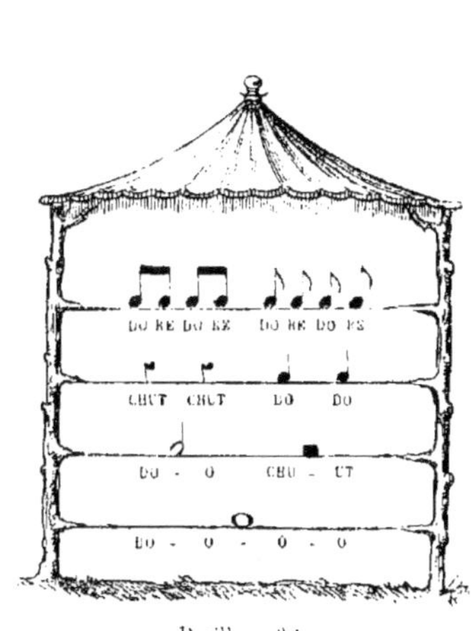

Pavillon n° 1.

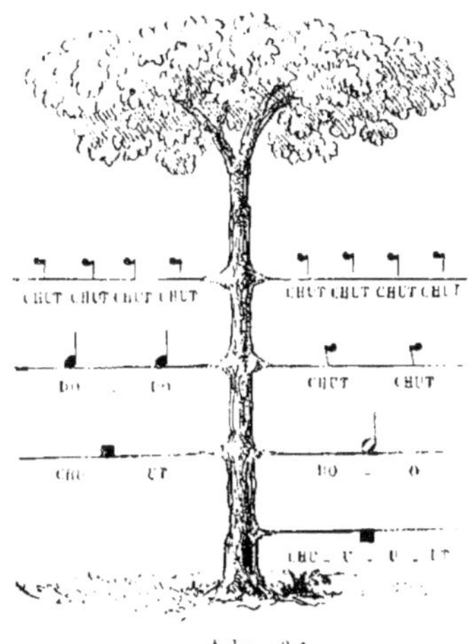

Arbre n° 1.

CHAPITRE V

Histoire de la ronde ennuyée.

Mme LA MESURE avait un autre pavillon dont le toit était
d'une forme arrondie. Ce pavillon était plus vaste et pouvait
contenir un plus grand nombre d'oiseaux.

Mme LA MESURE vit UNE RONDE qui s'était installée sur le
premier barreau, et à coté, UNE BLANCHE attachée à cette RONDE
par un petit ruban ; ce petit ruban s'appelait une liaison.
Mme LA MESURE pensa que la ronde s'était ennuyée d'être seule

et qu'elle avait cherché de la compagnie. Voici ce pavillon:*

Pavillon n° 2 habité par la *ronde ennuyée* et ses oiseaux.

Il contenait aussi douze croches sur le quatrième barreau, six noires sur le troisième, trois blanches sur le deuxième et il contenait une RONDE ENNUYÉE sur le premier barreau.

Près du pavillon de la RONDE ENNUYÉE était un arbre d'une forme toute particulière : il n'avait de branches que d'un seul côté et ses branches étaient grosses et allongées. Là, encore, les petits oiseaux pouvaient se percher à leur aise et jouir de la belle saison.**

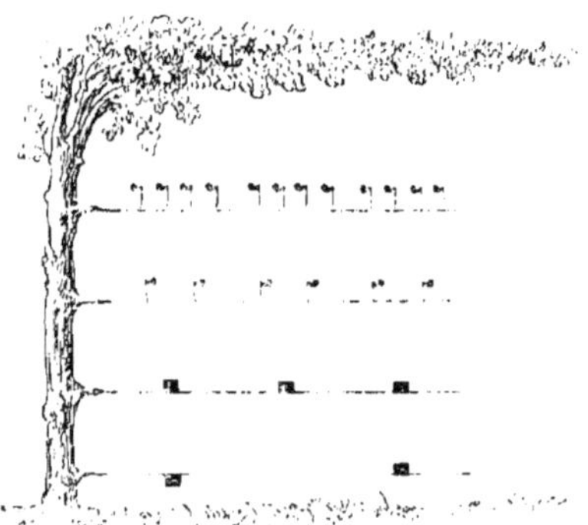

Arbre n° 2 habité par les silences gardant la place de la ronde ennuyée et de ses petits oiseaux.

---

* Les valeurs composant ce pavillon n° 2 de la *ronde ennuyée* sont dans les casiers 2, 3, et 4.

** Prendre des silences dans les casiers 2 *bis* et 3 *bis*. (Les barres sont dans les casiers 6 et 7.)

CHAPITRE VI

Histoire de la blanche.

Dans le pavillon et l'arbre occupés par la RONDE, Mme la Mesure remarqua quelques jours après un léger changement.

La grosse RONDE et la PAUSE étaient parties. Les quatre barreaux étaient occupés, mais ce n'était plus par les mêmes oiseaux. Sur le premier barreau du pavillon n° 1 se trouvait UNE BLANCHE; sur le deuxième barreau, deux NOIRES; sur le troisième, QUATRE croches, et sur le dernier barreau, un nouveau signe avec lequel vous allez faire connaissance.

Il avait une aile de plus que les croches, c'était un oiseau à deux ailes et on l'appelait DOUBLE-CROCHE. L'arbre non plus n'était plus habité de la même façon. Les DOUBLES-CROCHES avaient mis à leur place des 7 à double crochet ; ces 7 s'appelaient QUARTS DE SOUPIR, tout simplement parce qu'il en fallait quatre pour faire un soupir.*

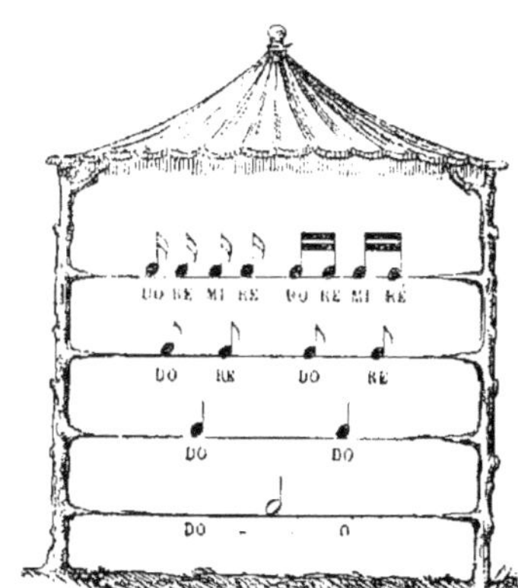

Pavillon n° 1 habité par la blanche et ses oiseaux.

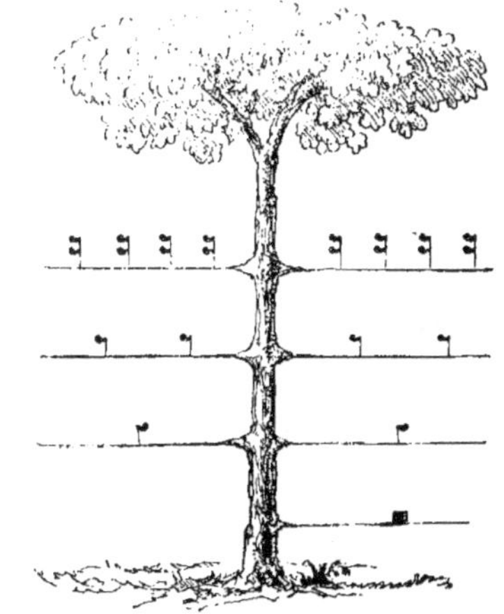

Arbre n° 1 habité par les silences du pavillon de la blanche.

* Battre la mesure à 2 temps; dire le contenu de ce pavillon en commençant par la blanche; puis aussi en commençant par les doubles croches. Casiers 2 *bis*, 3 *bis* et 4 *bis*, 2, 3, 4 et 5 (les barres sont dans le sixième casier).

Nous recommandons de faire beaucoup exercer ce pavillon; car c'est la première fois que l'élève rencontre la difficulté de faire 4 notes pour un temps.

CHAPITRE VII

Histoire de la blanche ennuyée.

Dans le pavillon de forme arrondie, occupé par la ronde ennuyée, Mme la Mesure remarqua aussi un changement.

La ronde ennuyée était partie avec ses deux signes de silence, c'est-à-dire la pause et la demi-pause. Sur le premier barreau on voyait une blanche et une noire attachées par une liaison; sur le deuxième barreau, on voyait trois noires; sur le troisième barreau, six croches, et sur le dernier, douze doubles-croches ou oiseaux à deux ailes.

L'arbre de la BLANCHE ENNUYÉE portait sur sa dernière branche douze de ces signes de silences à double crochet dont nous parlions tout à l'heure et que l'on appelle quart de soupir. Regardez-les avec attention et vous les reconnaîtrez tout de suite.*

Pavillon n° 2 habité par la blanche ennuyée.

Arbre n° 2 habité par les silences de la blanche ennuyée.

---

* Battre la mesure à 3 temps.

S'appliquer pour arriver à dire également 4 notes pour un temps.

Plus tard, vous verrez combien ces petits oiseaux savent dire de jolies choses quand on s'est exercé à les grouper ainsi*.

CHAPITRE VIII

Histoire du petit triolet.

Une nuit, il fit un temps affreux ; le vent soufflait avec fureur ; les arbres, ébranlés sur leur base, semblaient près de se déraciner. Mme la Mesure se disait : comment mes pauvres oiseaux ont-ils passé la nuit ?....

Dès le matin, elle vint les voir. Quelle ne fut pas sa joie ! Non seulement ils étaient tous dans leur pavillon, mais ils étaient plus nombreux que la veille ! Au lieu de six croches elle en compta neuf. Les petits étaient étroitement serrés les uns contre les autres, voilà tout.

Mme la Mesure leur demanda comment cela était arrivé. Au milieu de la nuit, répondirent-ils, trois oiseaux égarés sont venus à nous. Nous nous sommes rapprochés un peu et nous sommes arrivés à nous caser tous. Mes bons petits oiseaux, dit Mme la Mesure, il ne faudra pas vous tromper quand vous vous envolerez dans l'arbre, à cause de ces nouveaux venus ; voici une liaison, placez-la sous chaque groupe de trois oiseaux ; nous donnerons à ce groupe un nouveau nom, il s'appellera le

---

* Faire beaucoup de *voyages* avec les signes de pavillon, cette forme de mesure étant très usitée.

Casiers 2, 3, 4 et 5. 2 *bis*, 3 *bis* et 5 *bis* (les barres sont dans le septième casier).

PETIT TRIOLET. C'est cela, répondirent joyeusement les oiseaux.*

Pavillon nᵒ 2 habité par la blanche ennuyée et ses oiseaux parmi lesquels il y avait *trois triolets*.

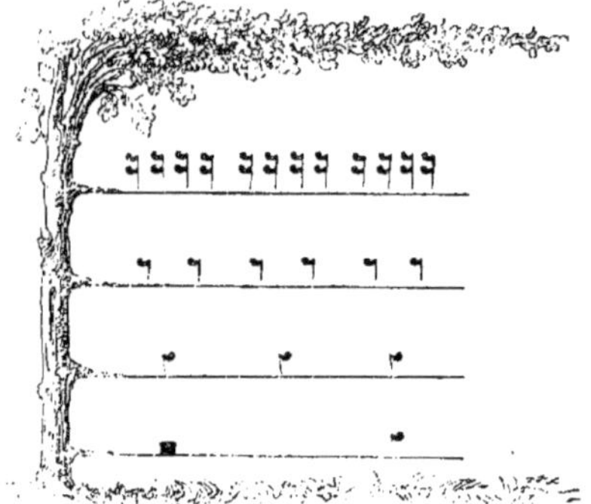

Arbre nᵒ 2 habité par les silences de la blanche ennuyée, de ses oiseaux et des petits triolets.

CHAPITRE IX

Mme la Mesure va faire un voyage.

Vers cette époque, Mme la Mesure fut obligée de faire un voyage. A son grand regret, il lui fallut se séparer de ses charmants oiseaux : Elle leur était si attachée ! Ils s'envolaient avec une régularité si remarquable ! Ils savaient retourner dans leur pavillon avec tant d'ordre !... Les derniers venus, les oiseaux à deux ailes, rentraient si bien dans leur cage ! . . .

A son retour, Mme la Mesure alla tout de suite les revoir. La blanche était partie, et c'était la noire qui l'avait remplacée. Sur le quatrième barreau, il y avait des oiseaux à trois ailes qui s'appelaient Triples-Croches. Les signes de silence

---

* Il est utile ici de faire faire des voyages, de battre la mesure à trois temps et d'apprendre à faire voler des triolets : c'est-à-dire trois notes pour un temps.

Remarque : Le silence correspondant au triolet n'éprouve pas de changements ; il est d'usage de l'indiquer par un soupir.

qui gardaient la place des triples-croches, s'appelaient huitième de soupir. Voici ce pavillon et son arbre* :

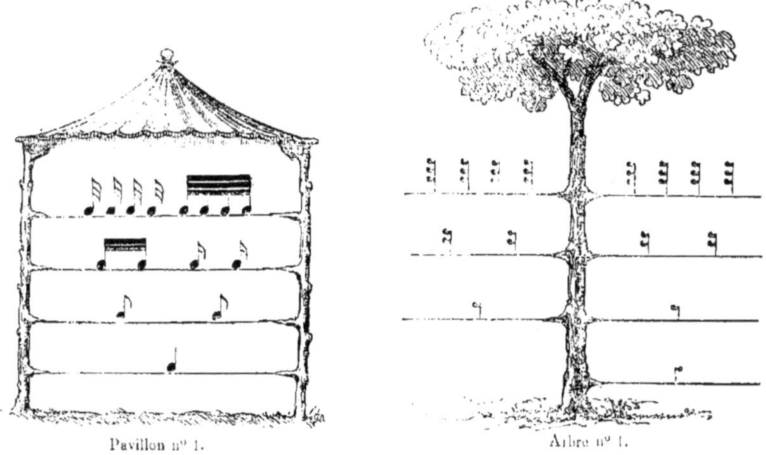

Pavillon nº 1.   Arbre nº 1.

Un jour, Mme la Mesure remarqua dans le pavillon un triolet de doubles croches qu'elle n'avait pas encore vu.

Arbre nº 1, habité par la noire et ses oiseaux, plus un triolet de doubles croches.

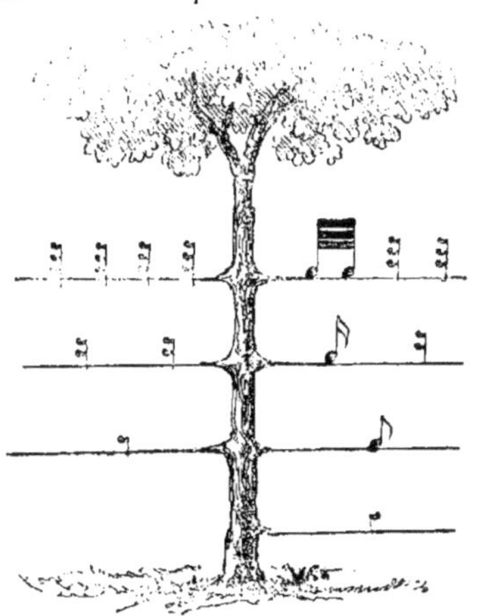

Arbre nº 1, habité par les silences gardant la place de la noire, de ses oiseaux et du petit triolet.

Tout ce que nous venons de raconter s'était passé dans le pavillon nº 1 ; Mme la Mesure pensa que le même chan-

---

* Prendre des signes dans les casiers 3 *bis*, 5 *bis* et 6 *bis*, 3, 4, 5, 6 et 7.
Faire faire des *voyages* à ces nouveaux oiseaux.

gement s'était produit dans le pavillon de forme arrondie : en
effet, la blanche ennuyée en était partie et avait été remplacée
par une NOIRE ENNUYÉE, comme dans le modèle ci-dessous. *

Pavillon n° 2, habité par la noire ennuyée
et ses oiseaux.

Arbre n° 2, habité par les silences gardant la place
de la noire ennuyée et de ses oiseaux.

Une autre fois, Mme la Mesure vit dans le pavillon de
la noire ennuyée, trois triolets : un de doubles croches et
deux de triples croches. Elle était vivement touchée
de voir que ses oiseaux se gênaient toujours pour
accueillir ces groupes errants de triolets qui devenaient
de plus en plus nombreux à l'approche de l'hiver.

Ses regrets.

Mme la Mesure regrettait ses charmants petits oiseaux.
L'oiseau à deux ailes, celui à trois ailes, tous étaient si
jolis ! Elle les aimait beaucoup et ne les voyait plus. Peut-
être déjà, mes enfants, savez-vous ce que c'est que de
regretter ce que l'on aime. Quand il vous arrive de faire
une partie de campagne, si quelques-uns de vos amis ne
sont pas avec vous pour jouer, vous vous dites : Ah ! si

---

* Prendre les valeurs dans les Casiers 3, 4, 5, 6, 7, 3 *bis*, 5 *bis* et 6 *bis*.

Albert et Maurice étaient-là, comme nous nous amuserions!... eh bien! Mme la Mesure se disait avec le même regret: si j'avais ma bonne grosse ronde, ma petite blanche, ma ronde ennuyée et ma blanche ennuyée!...

Elle pensait aussi: mes oiseaux n'ont pas encore chanté. Faudra-t-il attendre le printemps? Il est bien éloigné de nous!... Déjà, dans les allées du jardin de Mme la Mesure se trouvaient des feuilles tombées. Les jours devenaient de plus en plus courts. L'hiver arrivait et l'hiver la campagne est si triste et si désolée! Mme la Mesure faisait toutes ces réflexions en allant rendre visite à ses amis.

Elle éprouva un nouveau chagrin! La petite noire n'était plus là!... Vite, elle alla au pavillon à forme arrondie! La noire ennuyée s'était envolée!

Dans ce pavillon, il n'y avait plus que des oiseaux ayant des ailes. Il en était arrivé un nouveau qui avait quatre ailes; on l'appellait QUADRUPLE-CROCHE, et le silence qu'il avait emmené avec lui pour garder sa place s'appelait SEIZIÈME DE SOUPIR. Voici ce pavillon et son arbre:

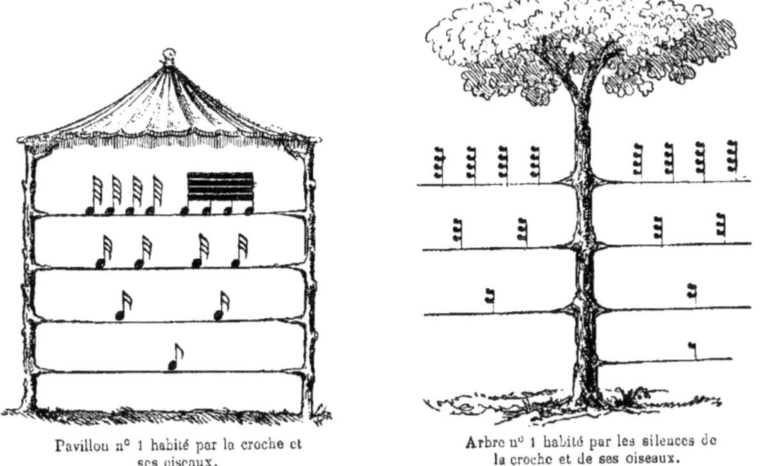

Pavillon n° 1 habité par la croche et ses oiseaux.

Arbre n° 1 habité par les silences de la croche et de ses oiseaux.

* Prendre pour ce pavillon et cet arbre des signes dans les casiers 4, 5, 6, 7 et 3 *bis*, 5 *bis*, 6 *bis* et 7 *bis*.

Dans le pavillon des notes ennuyées, le même changement s'était produit. La noire ennuyée était partie, et la croche ennuyée avait pris sa place. Voici ce pavillon et son arbre* :

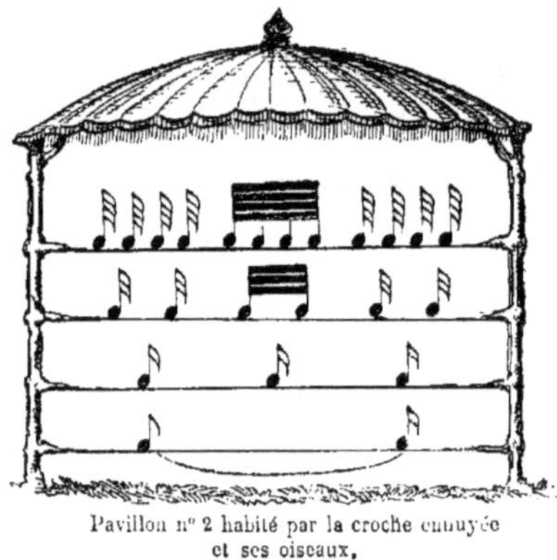

Pavillon n° 2 habité par la croche ennuyée
et ses oiseaux,

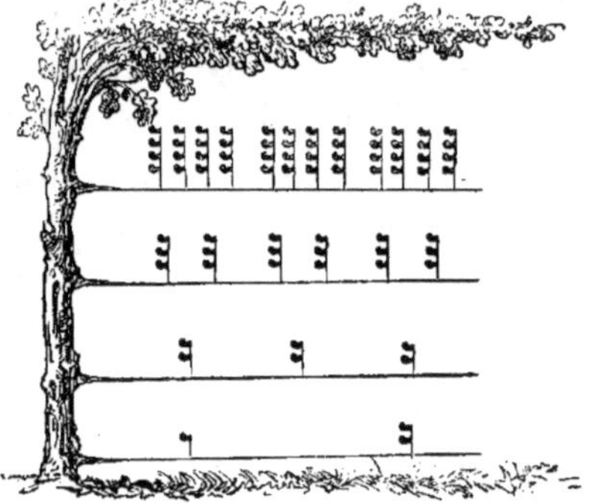

Arbre n° 2 habité par les silences de la croche ennuyée
et de ses oiseaux.

Visite de Mme la Mesure à Mme l'Intonation.

Vous est-il quelquefois arrivé, mes chers amis, d'avoir un petit oiseau en cage? Vous lui donniez tous vos soins, toute votre tendresse; mais un soir, par mégarde, vous aviez mal fermé la cage, et le lendemain matin, en vous éveillant, vous n'avez plus trouvé votre prisonnier. A ce petit être que vous teniez enfermé, il manquait la liberté!... Peut-être aussi manquait-il quelque chose aux petits oiseaux de Mme la Mesure, car elle eut un jour le chagrin de voir que tous ses petits oiseaux étaient partis.

Les ARBRES et les PAVILLONS étaient vides. Pourtant, Mme la Mesure pensait avoir fait tout ce qu'il fallait pour rendre ses oiseaux heureux.

---

* Prendre pour ce pavillon et cet arbre des signes dans les casiers 4, 5, 6, 7 et 3 *bis*, 5 *bis*, 6 *bis* et 7 *bis*.

Elle se demanda ce qu'ils étaient devenus? « Peut-être, pensa-t-elle, sont-ils allés dans ce grand bois que je vois près du château de ma voisine, Mme l'Intonation? Je vais aller voir et tâcher de retrouver mes chers petits pensionnaires.

Dès que Mme l'Intonation vit arriver Mme la Mesure, elle lui dit: Chère Madame, rassurez-vous, j'ai dans mon grand bois vos charmants petits oiseaux. Il faut vous dire qu'ils sont nés dans mes domaines, où ils chantaient autrefois à gorge déployée, mais avec un désordre dont vous ne pouvez vous faire une idée. Les uns chantaient lentement, d'autres chantaient vite, d'autres encore plus vite. C'était affreux: pourtant ils avaient de jolies voix.

Mais depuis qu'ils sont allés chez vous, chère Madame LA MESURE, il paraît qu'ils se sont bien disciplinés. Ils se sont groupés, arrangés avec un ordre que je ne leur avais jamais vu. Si vous voulez bien les mettre en ordre tout à fait, je suis persuadée qu'ils vont nous chanter quelque chose de joli.

Mme la Mesure n'eut qu'à placer de distance en distance des petits barreaux appelés bâtons de mesure et Mme l'Intonation, donnant le signal, ils chantèrent un ravissant morceau.

A partir de ce moment, ces dames se rendirent de fréquentes visites.

HISTOIRE DU BEAU GÉNIE DE LA NUANCE

PREMIÈRES NOTIONS SUR L'ÉTUDE DE LA NUANCE.

HISTOIRE DU BEAU GÉNIE DE LA NUANCE

L'enfant qui aime.

Décidément, il faut nous réunir, dit un jour Mme la Mesure à son amie Mme l'Intonation. Pour les progrès de nos oiseaux, nous avons besoin d'être ensemble. — J'allais vous proposer la même chose, répondit Mme l'Intonation. . . . Ces paroles étaient échangées dans une des avenues conduisant au bois habité par les oiseaux de la musique. Vous eussiez voulu y être, dans cette avenue, tant on y trouvait de pâquerettes et de boutons d'or au milieu de l'herbe fleurie.

C'est singulier! que se passe-t-il. Madame l'Intonation? on dirait qu'on entend quelqu'un parler avec nos petits oiseaux. Ces dames ne se trompaient pas, il y avait quelqu'un. Devinez qui?. . . C'était le BEAU GÉNIE DE LA NUANCE avec le petit enfant. Et je vais vous dire ce qui arriva.

Quand les petits oiseaux aperçurent Mme l'Intonation et Mme la Mesure, ils firent entendre ce petit cuicui! cuicui! qui est leur manière à eux de dire bonjour. Chacun salue comme il peut, n'est-ce pas, mes enfants?. . . on doit toujours être poli les uns avec les autres.

Lorsque le BEAU GÉNIE DE LA NUANCE aperçut Mme l'Intonation et Mme la Mesure, il les salua en disant:

— Bonjour, Madame l'Intonation !

— Bonjour, Madame la Mesure !

Ces dames répondirent :

— Bonjour, le BEAU GÉNIE DE LA NUANCE !

— Bonjour, tout le monde, ajouta le petit enfant !

— Comment se fait-il que vous soyez déjà de retour, BEAU GÉNIE DE LA NUANCE ?. . .

— Dans la montagne. répondit-il. j'ai rencontré ce petit enfant !. . . il m'a dit :

« J'aime beaucoup ma Mère, et je voudrais la contenter!...
» J'ai des défauts ; si ma sœur Jeanne me demande mon
» ballon rouge, je le lui refuse, je la taquine et nous nous
» querellons. Je n'obéis pas toujours non plus. Ma Mère
» me dit souvent : Tu me fais beaucoup de peine. Moi je
» lui réponds : En grandissant, ma petite mère, je me cor-
» rigerai. Beau Génie de la Nuance, fais-moi trouver les
» oiseaux de la musique, pour que je puisse chanter à ma
» mère tout ce que je viens de te dire. »

Et maintenant que vous savez pourquoi nous venons vous trouver, aidez-nous, Mesdames, et vous, petits oiseaux de la musique, aidez-nous aussi pour que cet enfant apprenne à dire à sa mère combien il l'aime (1).

Quand ce chant fut terminé, le petit enfant salua et dit : « Merci, tout le monde, au revoir ! » Et comme vous le pensez, il s'en retourna le plus vite possible : « Mère, mère, dit-il en arrivant, je voudrais déjà être couché ; je suis un peu las, puis j'ai quelque chose de si gentil à te dire. »

Une fois dans les bras de sa mère, après qu'il eut raconté sa promenade, sa rencontre avec le beau Génie de la Nuance, avec Mᵐᵉ l'Intonation, Mᵐᵉ la Mesure et les oiseaux de la Musique, enfin tout ce qui lui était arrivé, il se mit à chanter ce qu'il venait d'apprendre.

---

(1) Ici faire chanter le nº 30 du premier volume.

Peu après, on entendit le bruit d'un baiser, le petit enfant s'était endormi doucement bercé par sa mère ravie.

L'enfant qui souffre.

— Bonjour, ma petite Mère !

— Bonjour, mon enfant !

— Où donc vas-tu que tu es déjà si belle ?

— Je vais chez ta bonne maman, reprit la mère. Je viens d'apprendre qu'elle est souffrante !

— Dis donc, petite mère, veux-tu que j'aille avec toi ? Je serai bien sage.

— Mon enfant, je ne le puis, tu es trop petit pour soigner une malade : si tu m'accompagnais, ton père resterait seul. — L'enfant, qui commençait déjà à penser, répondit à sa mère : — Tu as raison, je resterai et je serai bien sage, seulement, promets-moi de revenir vite, vite. . . — Amuse-toi bien, reprit la mère, je ne serai pas longtemps.

Une fois sa mère partie, le petit enfant chercha tous ses jouets · son ballon rouge, ses images, son cerceau, etc., etc. . . Au déjeûner, il fit la conversation avec son papa, tout comme une grande personne. Le père retourna au travail : le soir, en rentrant, il lui demanda comment il avait passé la journée !. . .

— J'attendais toujours ma petite mère : je suis allé plusieurs fois sur le grand chemin, et ne la voyant pas revenir, j'ai beaucoup pleuré.

— Il faut être raisonnable, mon enfant. Si ta mère n'est pas encore de retour, c'est qu'elle a été retenue auprès de ta bonne maman. Du reste, je vais à sa rencontre.

— Père, emmène-moi.

— Non, il est trop tard ; à cette heure-ci, les enfants de ton âge doivent être couchés ;

Au revoir, mon enfant ! . . .

Ils s'embrassèrent.

Pour la première fois de sa vie, l'enfant se déshabilla et se coucha seul. Une fois dans son petit lit, il se remit à pleurer. . Quelles ne furent pas sa surprise et sa joie, quand il vit entrer dans sa chambre le beau Génie de la Nuance suivi de Mme l'Intonation et de Mme la Mesure ; il vit aussi les petits oiseaux de la musique qui arrivaient de tous les côtés !. . .

« Ne pleure plus, mon petit enfant, nous venons t'aider à t'endormir. »

Et ils chantèrent pour consoler l'enfant (1).

Quand ce chant fut terminé, le Beau Génie de la Nuance dit tout bas à Mme l'Intonation et à Mme la Mesure : Sortons sans faire de bruit ; puis il ajouta en s'adressant aux petits oiseaux : envolez-vous, retournez à vos nids, oiseaux de la musique ; le petit enfant est endormi et rêve à sa mère !

L'Enfant qui travaille et l'Enfant heureux.

La bonne Maman était toujours malade.... L'enfant, qui ne voyait plus sa petite mère, devenait chaque jour plus triste. Le père se dit avec raison : Je le conduirai avec moi au travail ; le temps lui semblera moins long. Le lendemain, il réveilla son enfant plus tôt qu'à l'ordinaire. — Il faut vite t'habiller, mon enfant, lui dit-il, tu vas descendre dans la vallée et travailler avec les laboureurs. — Comment, répondit l'enfant, je suis donc déjà assez grand pour pouvoir

---

(1) Ici, faire chanter le n° 48 du premier volume.

vous aider? — Avec de la bonne volonté, reprit le père, on peut toujours rendre service.

Ils partirent..... De tous côtés on entendait de petits cuicui! cuicui! cuicui! — Tiens. dit-il à son père. ils sont donc déjà éveillés. les petits oiseaux?.... — Ils font comme moi, mon enfant, ils ont quitté leur femme pour venir chercher la nourriture de leurs petits enfants.

Arrivés dans la vallée. l'enfant vit attelés à la charrue deux grands bœufs de même couleur: sur le front. ils avaient une petite marque brune qui était très-jolie: il vit aussi des ouvriers qui les attendaient pour commencer le labourage de la terre. L'idée de les encourager au travail vint de suite à l'esprit de l'enfant: les oiseaux de la musique l'aidèrent, et on chanta.*

L'enfant ayant fini de chanter. le père lui dit : — Tu dois être fatigué : viens manger avec nous et prendre un peu de repos. Comme vous le pensez, l'enfant mangea de bon appétit; le repas fut très gai ; aussi. les travailleurs avant de finir tendirent leur verre en criant : Vive la récolte !.. — Vive la récolte! répéta le petit enfant. vivent les travailleurs ! Vivent les bons bœufs blancs ! Les bons bœufs se retournèrent à ces mots comme s'ils avaient compris, et craignant d'oublier quelque chose. l'enfant ajouta : Vive tout le monde !.... Les travailleurs voulant l'imiter, répétèrent : — Vive tout le monde !.. L'enfant qui pensait toujours à sa mère reprit : Vive ma petite mère !... Quand donc va-t-elle revenir? ajouta-t-il tristement..... — Tiens, lui dit son père, regarde là-bas ! la vois-tu?.... C'est vrai, voilà ma petite mère avec bonne maman ! Et il se mit à courir aussi vite qu'il put.

La bonne maman, vu son grand âge, s'appuyait sur le bras de sa fille et avançait lentement. Elles étaient

* Ici, chanter le n° 59 du premier volume.

accompagnées d'une bande joyeuse : c'étaient les petits-fils et la petite-fille de la bonne maman avec tous leurs amis. Dès qu'ils aperçurent l'enfant, ils accoururent au devant de lui, et, pendant un bon moment, on n'entendit que ces mots :

— Bonjour Claire ! bonjour Dominique ! bonjour Charles ! bonjour Fanny ! Puis, tous les enfants dirent ensemble aux oiseaux de la musique: Bonjour, oiseaux de la musique, venez avec moi retrouver grand'mère ! La bande joyeuse partit en chantant et en dansant (1).

L'Enfant qui prie.

La bonne Maman allait de mieux en mieux; ses forces revenaient. Le petit enfant, pour la distraire, faisait avec elle de longues causeries. Il lui disait comment il avait rencontré le beau Génie de la Nuance, comment il avait connu Mme l'Intonation et Mme la Mesure : combien il aimait les oiseaux de la musique et se plaisait avec eux ; comme il s'était senti triste de rester seul le jour où sa petite mère était allée la soigner, et il ajouta : Bonne Maman, tu les as connus aussi les oiseaux de la musique?

— Mais oui !......

— C'était quand tu étais petite comme moi ?....

— Ma grand'mère à moi les a connus, répondit la bonne Maman.

— Qui donc a fait les oiseaux de la musique, ma grand'mère?.....

— C'est Dieu, mon enfant ! . . . .

— On me répond toujours la même chose, je voudrais connaître Dieu et lui dire combien je l'aime ! . . . . .

A mes cours j'ai l'habitude de nommer ceux des enfants qui travaillent le mieux, je puis affirmer que mes élèves attachent beaucoup de prix à cette petite distinction.

Ici faire chanter le n° 61 du premier volume.

— Demain, mon enfant, j'espère me trouver assez forte pour pouvoir aller avec vous retrouver les oiseaux de la musique; ils nous aideront à remercier Dieu.

— Je voudrais déjà être à demain, grand'maman. Nous emmènerons avec nous papa, ma mère, ma petite sœur Jeanne, mes cousins, mes cousines ! . . . .

— Tout le monde, reprit la grand'mère en souriant.

Le lendemain, il faisait un temps superbe, le petit enfant dit à sa grand'mère:

— Tu sais, si tu crains de te fatiguer, appuie-toi sur mon épaule. Je suis fort, je puis t'aider à marcher. Ils prirent les devants, suivis de toute la famille.

— Il y avait dans le ciel une foule d'oiseaux qui, passant au-dessus de la tête du petit enfant, lui disaient bonjour à leur manière.

— Regarde, regarde, bonne maman, jamais je n'ai vu tant d'oiseaux ! En effet, je ne crois pas qu'il fût possible d'en voir davantage. Il y en avait des blancs, des rouges, des jaunes, des verts ! . . . . Il y en avait de tout petits ressemblant à des fleurs. Il y en avait de fins et de mignons, d'autres beaucoup plus gros dont la voix était forte.

C'est ici, ma bonne maman, qu'il faut nous arrêter : Vois-tu là-bas le beau Génie de la Nuance, Mme l'Intonation, Mme la Mesure. — Regarde, bonne maman, est-ce assez joli ? . . .

C'était un spectacle magnifique en effet ; mais trop bruyant. Tous ces oiseaux, se revoyant après une longue absence, faisaient, dans leurs joies, un tapage qui s'entendait de toutes parts. — Jamais, dit le beau Génie de la Nuance, nous ne pourrons faire de musique au milieu d'un pareil bruit.

— Calmez-vous, beau génie de la Nuance, dirent Mme l'Intonation et Mme la Mesure.

— Donnez-nous la main et allons vers nos oiseaux; vous le savez, il suffit d'un mot de nous pour les accorder.

Alors, on vit s'avancer vers les oiseaux de la musique le beau Génie de la Nuance donnant la main d'un côté à Mme l'Intonation, de l'autre, à Mme la Mesure.

Que se passa-t-il, mes enfants? je ne saurais vous le dire aujourd'hui ; mais, ô merveille ! chaque espèce d'oiseaux forma un groupe.

Mme la Mesure donna le signal et l'on entendit tous les petits oiseaux à la fois.*

— Que c'est donc beau, reprit l'enfant émerveillé ! comment ont-ils fait pour arriver à s'entendre ainsi ? . . . .

— Bonne maman, je veux imiter les petits oiseaux. — Mon enfant, dit la bonne maman, pour cela il faut connaître cette science qui permet aux oiseaux de tous les pays de pouvoir s'accorder. On l'appelle « HARMONIE OU SCIENCE DES ACCORDS. »

— Je sens que je ne suis encore qu'un petit enfant, mais, n'est-ce pas qu'en travaillant de toutes mes forces, j'arriverai à savoir dire à Dieu combien je l'aime ? . . .

Bonne maman, quand pourrais-je apprendre l'HARMONIE.

---

(1) Ici chanter le n° 80 du premier volume.

TABLE

VERSAILLES. — IMPRIMERIE CERF ET FILS, 59, RUE DUPLESSIS.

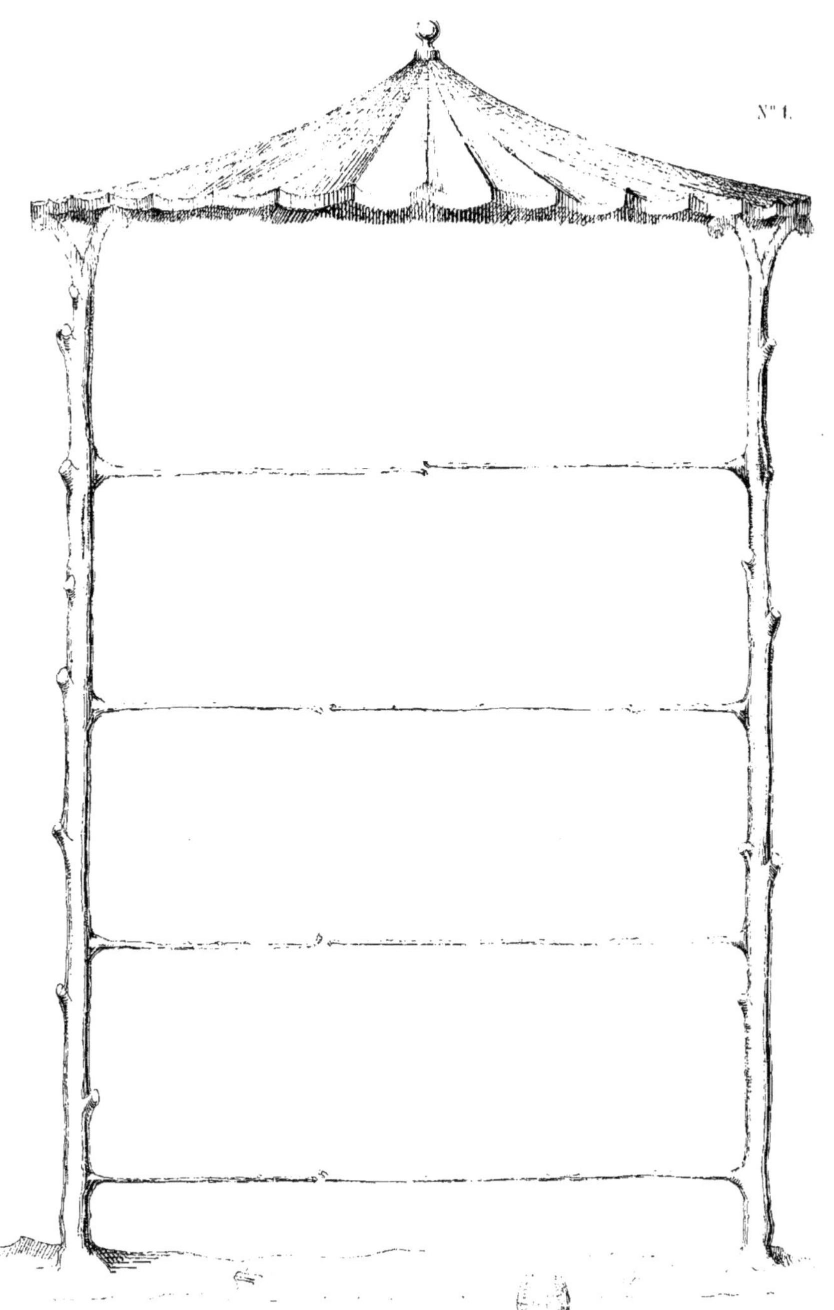

N° 1.

Nº 1.

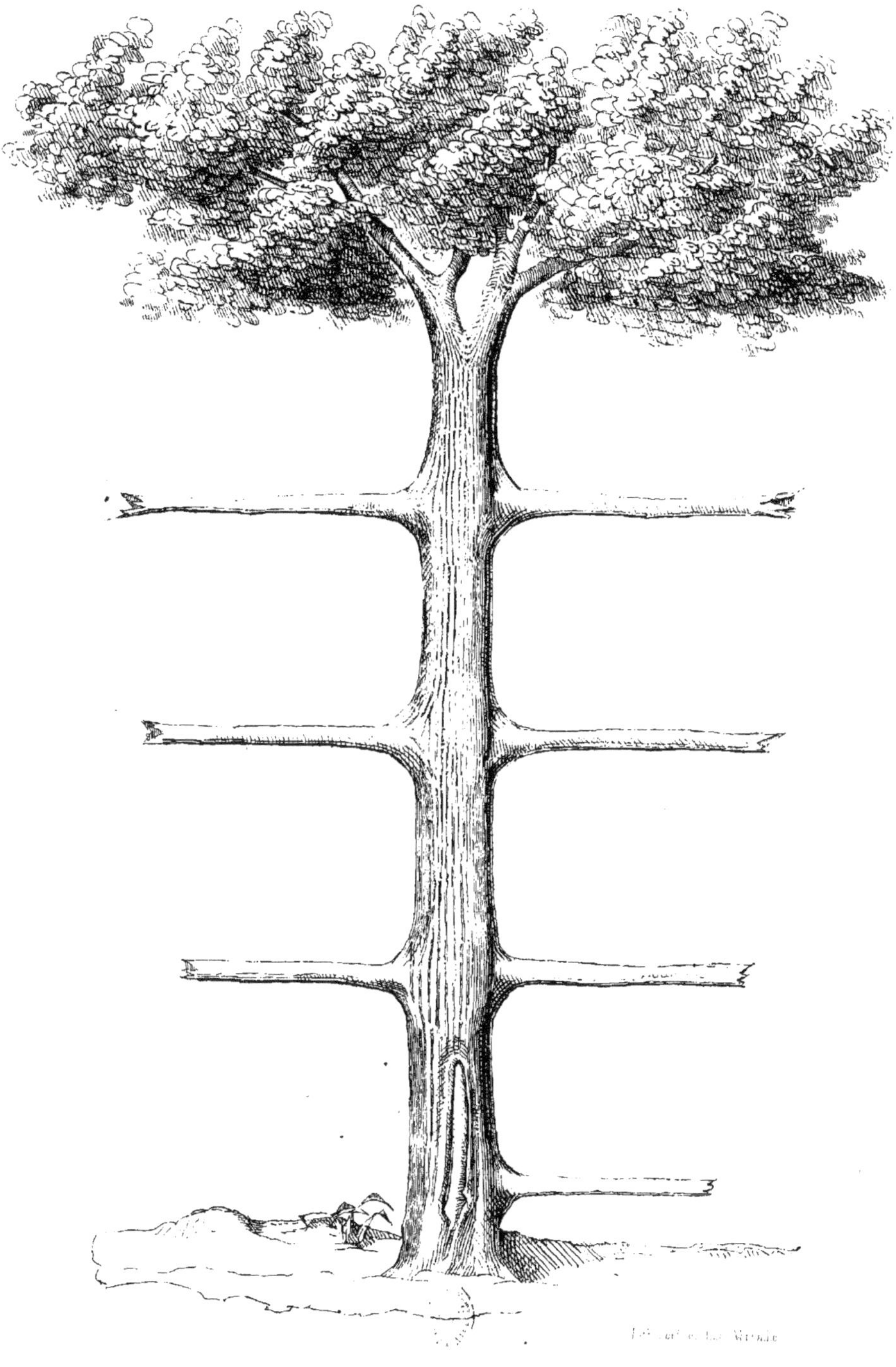

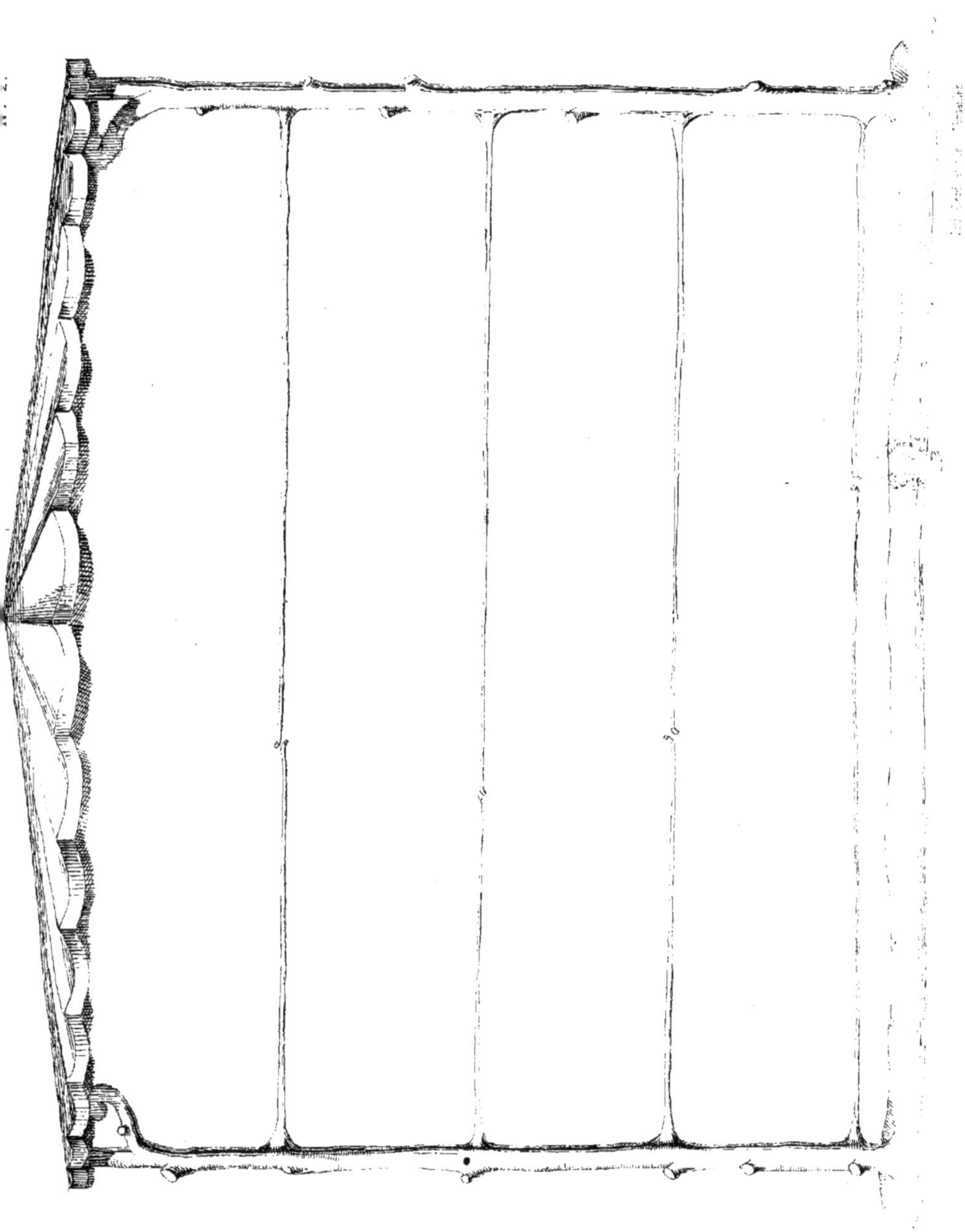

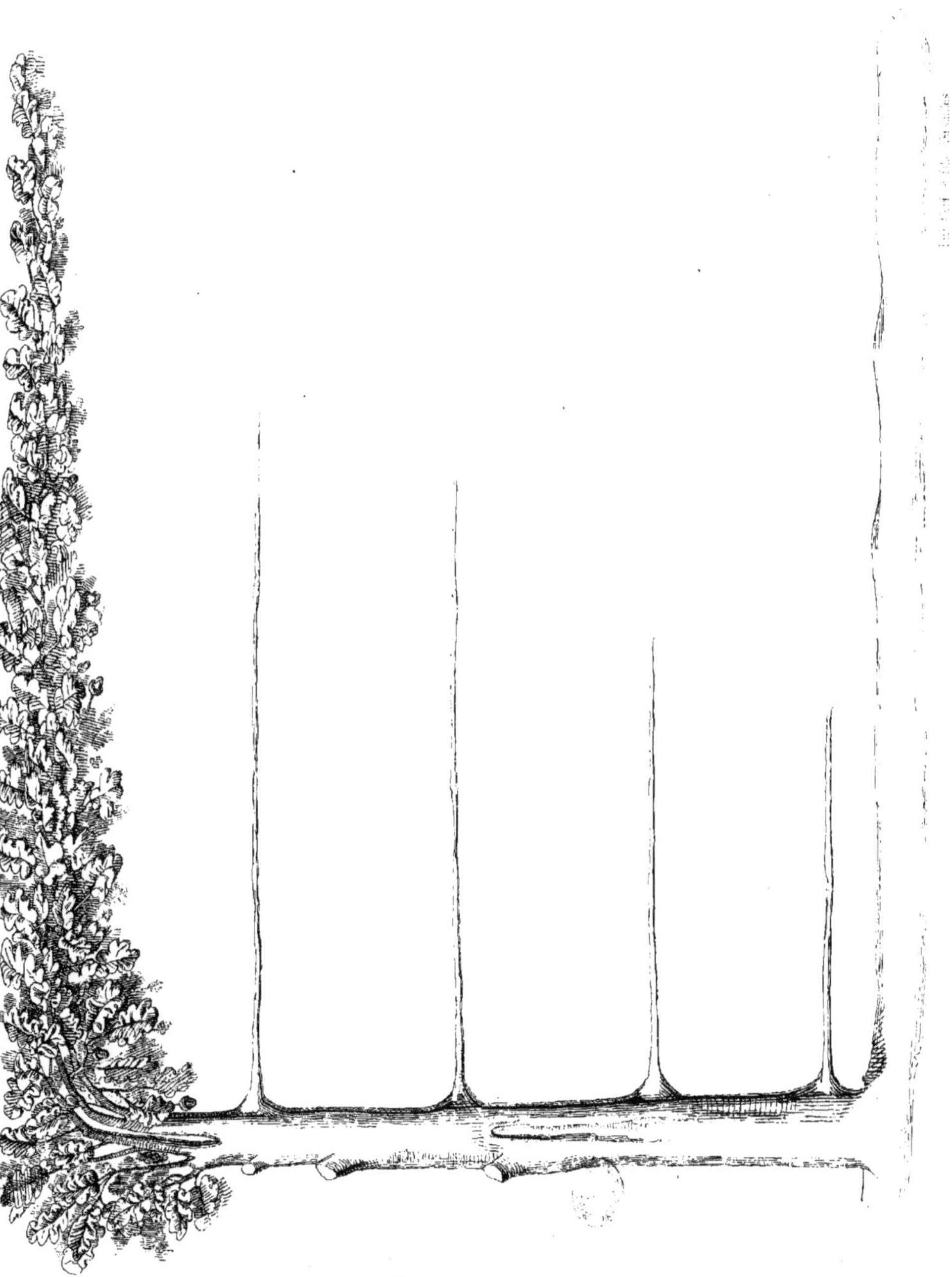

COURS D'ÉDUCATION ET D'INSTRUCTION MUSICALE

D'après la Méthode de Madame Marie PAPE-CARPANTIER

ANNÉE PRÉPARATOIRE

Ce cours préparatoire est divisé en trois parties.

1° MANUEL DES MÈRES, comprenant : l'exposé des principes de la musique et pouvant servir de guide pour faire étudier le solfège aux jeunes enfants pendant la première année préparatoire. **1 fr.**

2° SOLFÈGE DE L'ENFANT, enseigné à l'aide du *compositeur musical*.

Ce solfège est divisé en deux volumes.

Le premier volume contient des exercices d'intonation et de mesures, de petites phrases faciles et progressives, une série de canons à deux, trois et quatre parties, de maîtres anciens. **1.50**

Le deuxième volume renferme deux histoires : **1.50**

1° *L'histoire de Mme la Mesure*, servant à enseigner toutes les combinaisons des rhythmes.

2° *L'histoire du beau Génie de la Nuance* mettant cette partie de la musique à la portée des petits enfants.

COMPOSITEUR MUSICAL

MENTION HONORABLE A L'EXPOSITION DE 1878   **7 fr.**

Dans la boîte du compositeur se trouvent tous les signes employés dans l'année préparatoire du *Solfège de l'enfant*.

Cette boîte se divise en 14 casiers, au couvercle se voit un tableau indicateur qui permet de trouver tous les signes dont on a besoin.

Exemple servant à indiquer la manière d'employer les signes :

Pour écrire cet exemple, on trouve les signes dans les casiers 1, 2 *bis*, 3, 4, 5 et 6.

AVIS. Dans l'enseignement collectif, pour empêcher la *portée imprimée* de se déplacer lorsqu'on s'en sert, il faut la fixer à la table de travail avec de petits clous appelés punaises.*

Dans le cas où l'on voudrait se procurer un plus grand nombre de signes, on peut en trouver chez l'éditeur.

L'emploi du signe mobile évite d'acheter autant de papier à musique, puisqu'il n'est utile d'en employer que pour remettre au net les exemples bien faits.

L'ouvrage complet avec le COMPOSITEUR MUSICAL. **10 fr.** *net.*

* Ces clous sont employés pour le dessin et se trouvent chez tous les papetiers.